Eu sou assim!

Cleber Galhardi

ilustrações: BB Editora

O homem de bem, enfim, respeita em seus semelhantes todos os direitos dados pelas leis da Natureza, como gostaria que se os respeitasse para com ele.

O Evangelho Segundo o Espiritismo, Cap. 17, item 3. Boa Nova Editora.

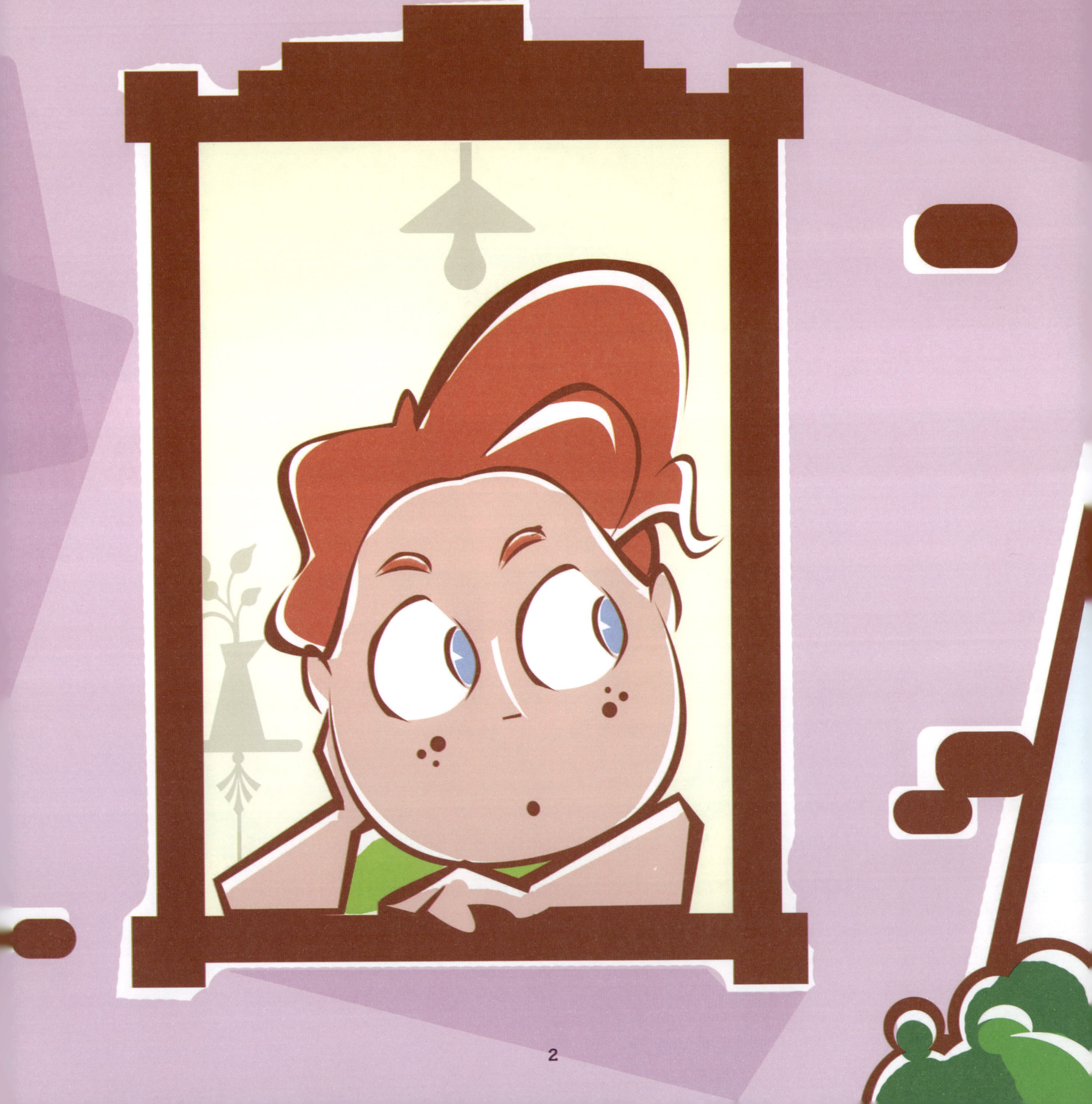

Eu sou assim!

Numa cidade distante vivia um menino muito tímido que gostava de ficar na janela de sua casa observando as pessoas que passavam na rua. Tinha muita vontade de fazer novos amigos e conversar com as pessoas. Mas tinha também um problema: se comparava demais com os outros.

Não gostava do seu jeito de ser e achava que suas roupas não eram tão bonitas quanto as das outras pessoas. Toda vez que ia sair de casa para conversar com alguém, ficava com medo de não gostarem dele e das roupas que usava.

Então, ao invés de procurar amigos para brincar, voltava para sua janela e ficava admirando o jeito de as pessoas se vestirem. As cores, os modelos, as calças, as camisas, enfim, tudo parecia perfeito quando era usado pelos outros.

Depois ele corria para o espelho e ficava se olhando por um bom tempo. Abria a porta do guarda-roupa e, ao se deparar com suas coisas, sentia algo estranho: parecia que nada combinava com ele.

"Acho que se eu me apresentar assim, as pessoas não vão gostar de mim," pensava. E o medo de não ser aceito o deixava muito triste. Ficava imaginando como seria legal se pudesse agradar a todos os amigos com sua maneira de ser.

Até que um dia teve uma ideia. O plano era o seguinte: se arrumaria melhor e colocaria sua roupa preferida. Em seguida, daria uma volta rápida pelas ruas do bairro observando a opinião das pessoas.

Correu para o guarda-roupa, pegou uma calça, uma camisa e o boné de que mais gostava. Quando estava pronto, sentiu aquela sensação estranha e pensou: "Você está desajeitado". Mas lembrou-se do plano, respirou fundo, encheu-se de coragem, abriu a porta de casa e foi para a rua ao encontro das pessoas.

9

– Bom-dia! Que belas roupas, menino! – disse um senhor idoso. O garoto ficou feliz, sorriu e continuou seu passeio.

Deu mais alguns passos e veio uma menina em sua direção, que foi logo dizendo:
– Olhe, suas roupas não combinam!

Logo depois uma amiga de sua mãe lhe disse:
– Arrume a camisa, coloque para dentro da calça. Ficará melhor!

Quando chegou em casa, o menino ficou confuso:

"Por que um gosta das minhas roupas e outro não?"

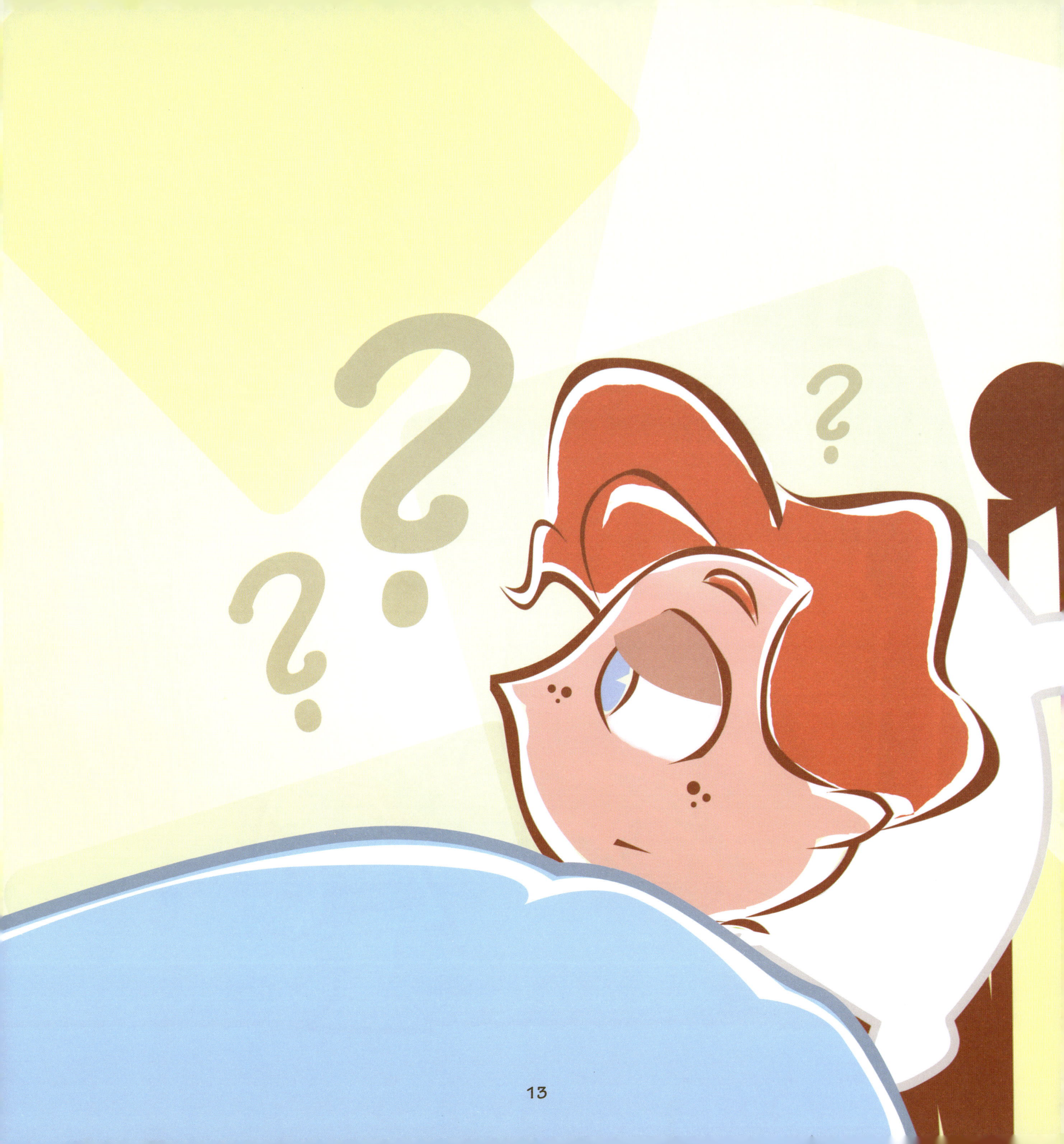

No dia seguinte, resolveu repetir a caminhada com outras roupas. Ao encontrar-se com o mesmo senhor que o havia elogiado no dia anterior, ouviu dele:
– Ontem você estava melhor. Precisa se cuidar, menino!

Mais adiante viu a menina, que o olhou espantada:
– Muito bem! Você está ótimo hoje; continue assim.

Novamente, ao retornar para casa, ele continuou sem entender. "Em um dia, um acha ruim. Em outro, quem criticou elogia. E agora, o que vou fazer?", questionou-se.

Resolveu ir para o seu quarto e descansar um pouco...

De repente, levou um tremendo susto:
– Psiu!!! Psiu!!!

Psiu!!!

Psiu!!!

Olhou de um lado para o outro e não viu ninguém.

Levantou-se e continuou procurando.

– Ei, aqui!

Virou-se para um espelho que ficava em frente a sua cama e viu sua imagem refletida.

Sem entender direito o que estava acontecendo, foi em direção ao espelho e percebeu que a imagem queria conversar com ele.

Então ela sorriu e disse:

– Olá! Eu gostaria de dar a minha opinião sobre as suas roupas. Você aceita?

– Cla... Claro que sim!

– Pois é. Acho que você se esqueceu de pedir a opinião de alguém muito importante.

– Quem?

– Você mesmo – respondeu a imagem no espelho.

– Como assim?

– Você também tem o direito de ter uma opinião sobre aquilo que veste. O que você acha das roupas que usa?

– Pra falar a verdade, eu gosto do meu jeito de vestir.

– Que bom! E que tal você dar uma olhadinha melhor?

Pela primeira vez o menino percebeu que seu gosto era bom. Sentiu-se orgulhoso de seu jeito de se vestir, percebeu que gostava das cores e era muito bom acreditar em sua forma de ser.

Mas continuava com um problema. "E as outras pessoas? O que faço com a opinião delas? Tem hora que sou elogiado e tem hora que sou criticado!"

Percebendo os pensamentos do menino, a imagem do espelho comentou:

– Isto é muito simples. Vamos até o jardim.

Rápida como um raio, a imagem saltou do espelho, pegou a mão do garoto e o conduziu para o quintal da casa.

– Veja – disse o novo amigo do menino, apontando para uma roseira.

Eles se aproximaram.

– Apesar de serem parecidas, as rosas são todas diferentes. Umas estão completamente abertas, outras não. Mesmo sendo todas rosas, cada qual tem um detalhe que a diferencia das demais.

Enquanto ele prestava atenção em sua descoberta, os dois ouviram um som que vinha de dentro da casa: "miau, miau". Correram para lá e ficaram maravilhados com o que viram. A gata malhada estava brincando com os filhotes, todos muito bonitos.

O menino percebeu que nem os gatos tinham manchas totalmente iguais, pois a Natureza nos faz diferentes para que cada um de nós aprenda a valorizar seu próprio modo de ser.

Quando foi comentar algo com a imagem, o menino despertou.

Percebeu que havia tido um sonho muito interessante.

Sentou-se na cama e pensou bastante. Até que encontrou uma solução. Utilizaria uma palavra mágica chamada RESPEITO. Quando respeitamos a nossa opinião, aprendemos a respeitar a opinião alheia. Portanto, antes de sentir-se infeliz com as críticas, ou feliz com os elogios recebidos, primeiro ele respeitaria a si mesmo e, igualmente, a opinião das pessoas, lembrando-se que ninguém consegue agradar a todos.

Quem tem respeito sabe ouvir opiniões diferentes das suas! O respeito faz com que os nossos sentimentos e os dos outros não sejam desprezados.

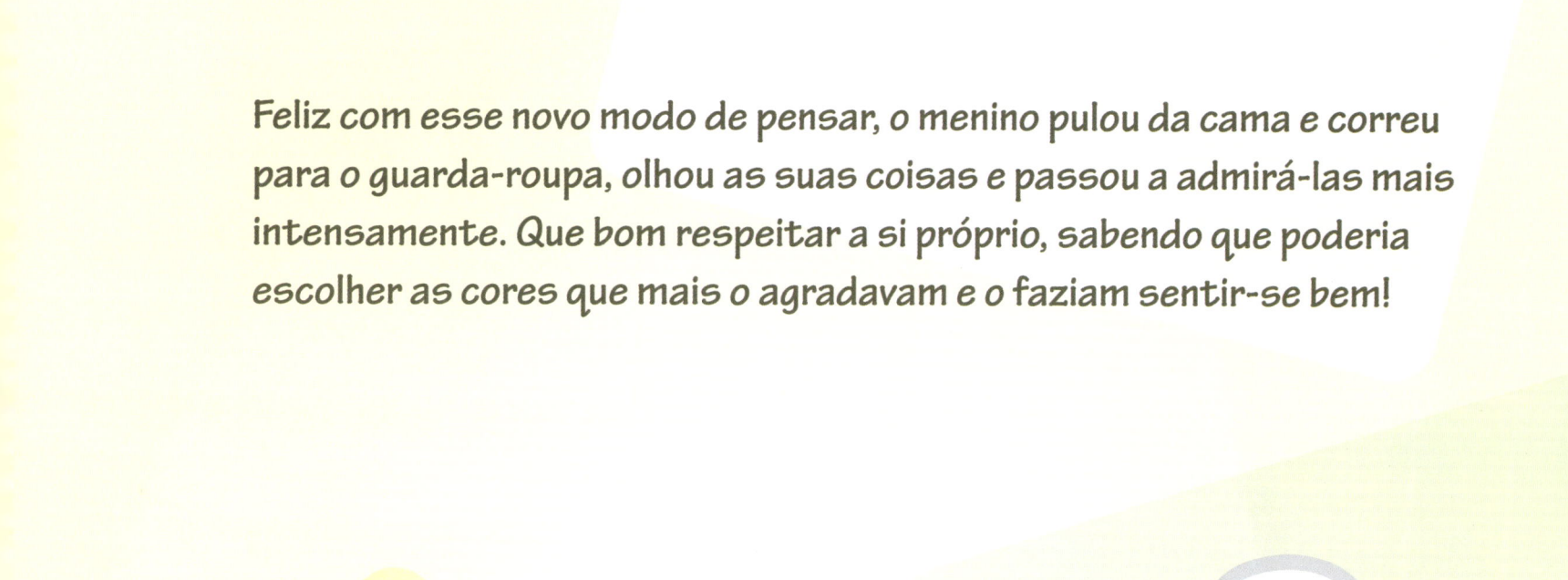

Feliz com esse novo modo de pensar, o menino pulou da cama e correu para o guarda-roupa, olhou as suas coisas e passou a admirá-las mais intensamente. Que bom respeitar a si próprio, sabendo que poderia escolher as cores que mais o agradavam e o faziam sentir-se bem!

Desde aquele dia, as pessoas na rua passaram a ter amizade com o menino e ele se sentiu muito feliz porque descobriu que todos têm talentos interiores que precisam ser valorizados. Alguns sabem se vestir bem, outros têm facilidade para desenhar, outros para escrever. Por isso, é muito importante percebermos não só o valor dos outros como também o nosso próprio valor.

Agora, quando vai sair de casa, ele não corre mais para a janela para se comparar com os outros. Vai rapidamente para o guarda-roupa, olha com carinho o que tem e escolhe suas roupas, ficando feliz quando se olha no espelho e aprovando o reflexo da própria imagem.

E assim, jamais fica em casa por medo de não se vestir corretamente. Sabe que o respeito começa a partir da alegria para consigo mesmo e também com as roupas que tem e gosta de usar.

FIM